메타-엑스

이문근 시집

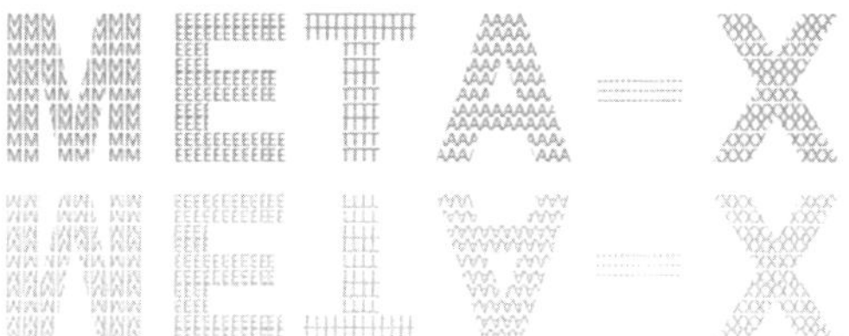

서시

손톱을 깎는다, 글을 쓰기 전
자판字板 앞에서 벌이는 나만의 의식儀式이다

예전에 누군가는 연필을 깎았으리라

세수를 한다, 시를 쓰기 전
시詩라는 거울을 바라보는 나만의 의식이다

예전에 누군가는 먹을 갈았으리라

요즘은 세상이 탁하게만 보인다
하루에 세수를 수십번 해도 시가 보이지 않는다

앞으로 어떤 시를 만날지 몰라, 지난 시들을 정리했다

누구나 시인이 될 수 있다면,

그 마음으로 썼던
몇 편의 메타-시를 꾸리고, 해독解讀을 했다

혹자, 말하리라 : '이것이 시냐'고
나는, 말하리라 : 세상에, '시 아닌 것이 무어냐'고

기도한다, 서시序詩를 마치면서
탈고 후, 마지막 치르는 나만의 의식이다

그리고
삶에 번민하는 모든 이들에게
이 시들을 바친다

2013년 늦가을
건지산 연구실에서

목차

제1부 희흠

제2부 로怒

제3부 애哀

제4부 락樂

에필로그

제1부 희喜

봄

입춘立春

그리운 당신에게
연두색 인연을 봄빛으로 드립니다

우수雨水

사랑도 무색無色한 아침
밤새 떨던 나무에 봄비 내리시니
밤새 앓던 가슴에 당신 오시리니

경칩驚蟄

이른 새벽
눈물 나시던가요

사랑 아닐까봐
그리움에 묻힐까봐

길에 서면 눈물 흐르시던가요

춘분春分

바람 불면
당신 이름은 영혼靈魂

꽃 피면 당신 이름은 운명運命

청명淸明

봄이 오면 늘 꽃 피리라 믿으셨나요
꽃이 피지 않으면 사랑 아니라고 믿으셨나요

곡우穀雨

산을 보면 한 마리 새처럼
바다 보면 한 조각 배처럼
하늘 보면 한 아름 하얀 구름처럼

파아란 바람이 그리우셨나요

여름

입하立夏

숨 막히면
사랑이 자유 아니었나요

이별이 아니라면
궂은 비 그립지 않았나요

소만小滿

당신이라는 이유만으로

풀잎에 맺힌 이슬에도 눈물이 고입니다
하늘에 머문 구름에도 한숨이 맺힙니다

망종芒種

외로울 땐

혼자라는 누구도 없음을
같이라는 누구도 없음을

하지夏至

하늘 높은 이유는 무엇인가요
바람 지친 까닭은 무엇인가요

당신 앞에 부족함을 느낍니다
당신 앞에 메마름을 느낍니다

소서小暑

바람이었나요
눈물이었나요

달이 지나도록
사랑 슬픈 까닭이

대서大暑

피폐된 갈증에
멈춘 꿈이 없기에

빛바랜 의식도 없음을
낯설은 추억도 없음을

당신을 찾을 수 없습니다

가을

입추立秋

당신은 아시나요
길을 가도 길이 아님을

두눈에 의식이 없어
가슴에 당신이 없어

산을 넘어도 산이 아님을

처서處暑

바람 불면 오신다고 하셨나요
바람 불면 가신다고 하셨나요

백로白露

당신은
외로움이신가요

바람 앞에서
설레임 하나 가득

당신은 그리움이신가요

추분秋分

당신은 아시나요
눈물 나는 까닭을

삶이 그리워도
죽음이 외로워도

당신은 아시나요
밤 깊은 까닭을

한로寒露

낙엽 태우면 재만 남나요

육십일년 신축생

상념 태우면 그리움만 남나요

상강霜降

당신은
그리움이었나요

오늘이 지나면
차운 달빛 서리되어 쌓이나요

바람 불면
당신은 사무침이 되시나요

겨울

입동立冬

겨울이 오면
바람은 누구의 슬픔인가요
회색빛 하늘은 누구의 아픔인가요

소설小雪

빙점氷點에서
당신은 한 조각 먹구름

바람 불면 당신은 한 조각 흰 눈

대설大雪

눈이 오면

분노는 누구의 증오였나요
망각은 누구의 의지였나요

한서풍寒西風에 당신은 어디로 가시나요

동지冬至

밤 깊을수록 사랑도 깊어지던가요
밤이 차가울수록 이별도 차가워지던가요

소한小寒

낙엽에 이는 건 당신의 숨결인가요
가지 끝에 떨리는 건 당신의 아픔인가요
하늘 가에 울리는 건 당신의 번민인가요

대한大寒

눈꽃을 보셨나요
운무雲霧로 핀
하얀 눈꽃 보셨나요

겨울밤 지새면
운무도 눈꽃인 것을
애증愛憎도 그리움인 것을

당신은 아셨나요

한겨울엔
연두색 봄빛이 다시 그리워집니다

한겨울엔 당신 숨결이 더욱 그리워집니다

제2부 로怒

이기적인 사랑

힘들게 하지 마라
너마저 힘들다면 사랑하지 않았으니

아프게 하지 마라
너마저 아프다면 사랑하지도 않았으니

너를 사랑하기까지
수천 번 나를 부정해야 했었다

슬프게 하지 마라
너마저 슬프다면 사랑할 수도 없었으니

다툼의 삼단논법

너와 내가 다르면, 나와 네가 틀리고
나와 네가 틀리면, 너와 내가 다툰다
그래서
너와 내가 다르면, 너와 내가 다툰다

사랑의 반증법

나는 네가 화난다

너는 나의 현실이었다

나는 나를 부인하고
나는 너를 부인하고
너는 나를 부인하고
너는 너를 부인하는

너는 나의 현실이 되었다

현실은 그리고 상상이 되었다

누구도 인정할 수 없는 현실
누구를 인정할 수도 없는 상상

처음
너를 만난 건 내가 아니었다

나를 만난 건 네가 아니었다
너를 만난 건 나의 분신이었다
나를 만난 건 너의 분신이었다

나는 너의 분신을 부정하고
나는 나의 분신을 부정하고
너는 나의 분신을 부정하고
너는 너의 분신을 부정하는

상상은 현실이 되었다

너는 나의 화가 되었다
너는 너의 화가 되었다
나는 너의 화가 되었다
나는 나의 화가 되었다

나는 내가 화난다

정체성 상실의 원인

나는
내가 누구인지 모른다

나는
생각했고 고민했고 방황했다

그러나 나는
내가 아닌 누군가의
생각과 고민과 방황에 있었다

매체와 과정과 결과에 있었다

누군가의 판단에 있었다

나는
나를 찾을 수 없었다

나는

내가 없는
내 안에서 나를 찾는
모순矛盾에 있었다

순환적 모순에 있었다

나를 찾는 나

나는
나를 버리고
내 앞에 섰다

나는 누구인가
나는 무엇으로 비롯되었고
나는 무엇으로 귀결되는가

한치 앞을 보지 못하는
나를 두고
나는
나를 자만할 수 없었다
나를 자존할 수 없었다

사람들은
가진 것을 버리면
자신을 볼 수 있다고 했다

나는
돈을 버렸다
사람을 버렸다
명분을 버렸다
기회를 버렸다
가치를 버렸다
철학을 버렸다
실존을 버렸다

나는
나를 버렸다

하지만

나는
나를 볼 수 없었다

나는

무엇을 더 버려야
진정
나를 볼 수 있는가

나를 버리고
나를 원하는
나를 다시 버려야
나는
나를 볼 수 있는가

진정
나를 볼 수 있다면

나를 버리고
나를 원하는
나를 다시 버리고
나를 보는
나는 과연

또 다른 누구인가
또 다른 무엇으로 비롯될 수 있는가
또 다른 무엇으로 귀결될 수 있는가

나는
거울 속의 거울처럼
나를 버리고 나를 찾는 나처럼
없는 나는 나를 버린 나를 찾고
거울 속의 거울 속의 거울처럼
나를 버리고 나를 찾는 나를 버리고 내가 버린 나를 찾는 나처럼
없는 나를 버린 내가 없는 나는 나를 버린 나를 버린 나를 다시 찾는다

고독과 행복

고독한 자여
타인을 믿지 마라
고독마저 빼앗기게 되리니

행복한 자여
자신을 믿지 마라
행복마저 빼앗기게 되리니

고독과 행복은
상반된 대상에 대한 믿음
상반된 믿음에 대한 대상

고독한 자여
행복한 자를 믿지 마라
고독한 자는 행복해질 수 없으니

행복한 자여
고독한 자를 믿지 마라

행복한 자는 고독해질 수 없으니

믿음은
자신만을 믿는 자에 대한 고독의 몸부림
타인만을 믿는 자에 대한 행복의 몸부림

고독한 자여
자신을 행복하다고 여기지 마라
고독이 자신을 배신할 수 있으니

행복한 자여
자신을 고독하다고 여기지 마라
행복이 자신을 배신할 수 있으니

고독과 행복은
등을 대고 과거와 미래를 반대로 바라보는
현재라는 신神의 또 다른 이름에 불과하다

오늘의 의미

과거는 미래를 풍요豐饒롭게 하고
현재는 현재를 빈곤貧困하게 만든다

독재자

나를 깨운 건 저항이었다
그러나
지금 너에게 원하는 건
나에 대한 복종이 되었다

나를 만든 건 사랑이었다
그러나
지금 너에게 원하는 건
나에 대한 순종이 되었다

세상에 혼탁하더라도
부끄럽게 살 수 없다던 자존심

나를 가꾼 건 관심이었다
그러나
지금 너에게 원하는 것은
나에 대한 무관심이 되었다

무지無知

몰두함으로
문제는 해결 된다

하지만

무엇에
몰두해야할 지 모른다

그러나
무조건

몰두에 몰두한다

모순

밤이 오면
슬프지 않은 일을 생각 한다

술戌시가 되어도
해亥시가 되어도
이 생각뿐

자子시가 되어도
이 생각뿐

냉수 들고
잠들기 전

이 생각들이
슬픔의 원인임을 부인할 수 없다

인내라는 철학

사는 것이 두려울 땐
이유 없는 생각을 하자

“저, 강아지 풀 뜯어먹는 소리”

죽는 것이 두려울 땐
사유 없는 생각을 하자

“이 놈의 세상, 확 뒤집어져야지”

살아서 죽을 수 없고
죽어서 살 수 없을 땐

소유 없는 생각을 하자

“야, 이놈들아! 니들이 다 쳐먹어라!”

가짜 지식인의 정체

1

무서운 사람은
단순무식하고 용감한 사람이라고 빗대지만

더 무서운 사람은
복잡유식하고 용감한 척하는 가짜 지식인이다

2

무서운 사람의 감정은 느끼는 감정이지만
더 무서운 사람의 감정은 생각하는 감정이다

무서운 사람의 이성은 직설적인 이성이지만
더 무서운 사람의 이성은 우회적인 이성이다

무서운 사람의 이득은 노출된 이득이지만
더 무서운 사람의 이득은 숨겨진 이득이다

무서운 사람의 도덕은 실천적 도덕이지만
더 무서운 사람의 도덕은 이론적 도덕이다

무서운 사람의 생존은 생활의 생존이지만
더 무서운 사람의 생존은 공식적公式的 생존이다

3

배움의 기회는 누구에게나 오지 않는다

개인에게 오는 더 나은 배움의 기회는 누군가의 더 못한 못배움의 기회일 수 있다

배움은 더 나은 환경에서 더 나은 능력을 가진 자만의 독자적 소유물은 아니다

배움은 항상 누군가의 축적된 지식과 공유의 사회적 기반 위에 있다

배움과 지식은 한 개인이나 소수 집단의 것이 아니며 사회 구성원 모두의 것이다

개인의 지적재산권이란 사회의 지적재산권의 극

히 일부분에 지나지 않는다

4

무서운 사람은 경우의 수를 잘 따지지 못한다
어쩌면 옳고 그름의, 좋고 싫음의 이원론적 경우에 한정적일 수 있다

더 무서운 사람은 경우의 수를 잘 따진다
옳고 그름, 좋고 싫음이 아닌
옳은데 그를 수 없으면서도 옳을 수 없도록 그릇된, 또는
그른데 옳을 수 없으면서도 그를 수 없도록 옳은,
좋은데 싫을 수 없으면서도 좋을 수 없도록 싫은, 또는
싫은데 좋을 수 없으면서도 싫을 수 없도록 좋은
조건부 다항 논리식의 결과조차도 다원론적인 경우에 억매일 수 없게 한다

무서운 사람은 수학을 잘 하지 못한다
어쩌면 많고 적음의, 크고 작음의 이원론적 구분은
덧셈, 뺄셈, 곱셈, 나눗셈과 같은 산술적 영역에
한정적일 수 있다

더 무서운 사람은 수학을 잘한다
많고 적음, 크고 작음이 아닌
많은데 적을 수 없으면서도 많을 수 없도록 적은,
또는
적은데 많을 수 없으면서도 적을 수 없도록 많은,
큰데 작을 수 없으면서도 클 수 없도록 작은, 또는
작은데 클 수 없으면서도 작을 수 없도록 큰
덧셈을 미분한 것에 뺄셈으로 적분을 하여
귀납적으로 입증한 수열한 경우들의 분포의 변
화를
회귀적으로 통계를 내어 그 변화 속도의 차를
다차원 논리체계를 위한 완전성과 안정성으로 규
명하기 위한

지속 표본에 대한 이산적離散的 판단의
조건부 다항 논리식의 결과조차도 다원론적인 경우에 억매일 수 없게 한다

무서운 사람은 이해타산에 어둡다
어쩌면 득과 실의 이원론적인 경우에 한정적일 수 있다

더 무서운 사람은 이해타산에 밝다
득得과 실失이 아닌
득인데 실일 수 없으면서도 득일 수 없도록 실인, 또는
실인데 득일 수 없으면서도 실일 수 없도록 득인,
조건부 다항 논리식의 결과조차도 다원론적인 경우에 억매일 수 없게 한다

5

무서운 사람은 더 무서운 사람을 무서워한다

더 무서운 사람이 무서운 사람보다
경우를 잘 따지고
수학을 잘 하며
이해타산에 밝기 때문이다

더 많이 배웠기 때문이다

더 무서운 사람에게는 무서운 사람이 없을까

더 무서운 사람은 돈과 권력을 가진 사람을 무서워한다

돈과 권력을 가진 사람에게는
더 무서운 사람의
경우 잘 따짐과
수학 잘 함과

이해타산 밝음의
조건부 다항 논리식의 결과조차도
다원론적인 경우에 억매이게 하는 동기가 있기 때문이다

즉 더 무서운 사람의 더 많이 배움의 댓가로 지불할 수 있는 돈과 권력을
권력과 돈을 가진 사람이 독점하고 있기 때문이다

그럼 왜 권력과 돈을 가진 사람은
더 무서운 사람에게
더 많이 배움의 댓가로
돈과 권력을 지불하는 것일까

권력과 돈을 가진 사람의 입장에서 보면
자신의 독점물인 돈과 권력을 위협하는 두렵고 '무서운' 사람은
단순무식하고 용감해서

경우를 잘 따지지도 못하고
수학도 잘하지 못하며
이해타산에도 어두운
'진짜' 무서운 사람이기 때문에
무서운 사람을 통제하고 억압하기 위한
무서운 사람보다
경우를 잘 따지고
수학을 잘 하며
이해타산에 밝은 더 무서운 사람이 필요하기 때문이다

6
지식이 정의正義의 수단이 될 때
지식인은 정의의 사도가 되지만

지식이 실리實利의 수단이 될 때
지식인은 돈과 권력의 노예가 된다

가짜 지식인의 진짜-진짜

처음
진짜인줄 알았다

진짜를 말하고
진짜를 번민하고
진짜를 표방했다

하지만
대상에 따라
경우에 따라
조건에 따라

진짜가 달랐다

하나의 진짜는
여러 개의 진짜가 되었다

여러 진짜의

진짜-진짜는 무엇이었을까

진짜-진짜는
실리,
즉 득실得失이었다

득이 되면 진짜
실이 되면 가짜

득실이라는

조건에 따라
경우에 따라
대상에 따라

하나의 진짜가
여러 개의 진짜가 되었다

즉
가짜가 되었다

처음
진짜일줄 알았는데

결국
가짜가 되었다

거짓과의 싸움

내가
강해져야 하는 이유는
결코 약해서가 아니다

전문가의 탈을 쓴
가짜 지식인들 속에서

정직은 한낱 미련에 불과했다

어떤 부정도
득이 되면 수용되고
어떤 진실도
실이 되면 거부되는

영리營利적 만행蠻行 속에서

성실은 한낱 사치에 불과했다

교활한 양식과
영악한 논리로

다수에 의한
다수를 위한
다수의
다중多重의 원칙

이들에게

양심은
득실을 위해
정당하게 절제된 감정의 일부였다

진실은
실리를 위해
타당하게 타협된 이성의 일부였다

이들에게
난 어떤 존재일 수 있었는가

내 자신에게
난 어떤 존재일 수 있었는가

내가
강해져야 하는 이유는
내가 약해서가 아니다

전문가의 탈을 벗고
진정한 한 인간이 되기 위해서다

지식인의 옷을 벗고
진정한 한 사람이 되기 위해서다

존재의 확률적 가치

생명은 불완전한 경우들에 대한 경과적 조합의 최적화된 가치다
존재의 의미는 조합의 유일성과 독립성을 부정하는 형식에 있다

형식의 선택은 내용에 대한 결정적 경우에 제한적이지 않다
피선택이란 형식에 대한 상대적 내용의 경우에 종속되지 않는다

한정된 공간의 시간적 흐름 속에 발생된 사건들은 필연적 우연이다
현실은 사건들로 조합된 경우의 확률에 대한 기억의 잔재일 뿐이다

자아의 가치는 기억에 대한 시간의 역순적逆順的 공간의 탈물리성에 있다
자아의 의미는 기억에 대한 공간의 역상적逆像的 시간의 탈사실성에 있다

생명의 가치

생명은 표현이다

표현은 무한의 시도와 실패로 결정된 물질의 유한한 형식이다
형식은 반복에 한정된 물질의 무한한 결합이다
결합은 재귀적 모순의 원인과 결과이다

존재는 확률적으로 항상 존재한다
확률은 물질의 운동적 성질이다
성질은 조건적 가능성에 대한 확률적 표현이다

진화는 조건적 필연에 대한 무조건적 우연의 결과이다
과정은 운동의 확률을 위한 확률에 의한 확률의 조합이다
생명은 조건에 대한 과정의 확률적 표현이다

적的에 의한 횡설적橫說的 수설竪說

01 창조的 결실에 대한 미덕은 공유的이다
02 구체的 사실에 대한 의식은 비판的 사고에 대한 추상的 반론이다
03 고립된 자아를 거부하는 상실的 의미는 본질的으로 자아발견과 비유사的이지 않다
04 상반된 사건의 대립은 대립 자체的 의미로 해석되지 않는다
05 소유와 무소유의 개념은 비공존的 의미로 성립되지 않는다
06 자의的 기아는 절실한 물질에 대한 허무的 갈등으로만 종착되지 않는다
07 거부된 사실에 대한 절대的 가치는 극히 비사실的 현실에 있다
08 무지의 고독이란 고통에 대한 대중的 회피의 상대的 고립의 수사어가 아니다
09 비현실的인 꿈은 현실에 대한 임의的, 산발的, 부분的 조합의 경우에 대한 상대的 가치와 같다

10 생명의 빛은 어둠에 동반된 결과的 대상이 아니라 그에 대한 상대的 순환조건이다

11 모든 유물的 관념的 존재와 그 대립은 처음 없었고, 있어 졌고, 없어질 것이다

12 관념的 공간의 절대的 가치는 시간에 대한 상대的 개념이 아니다

13 피로에 대한 편리는 휴식에 대한 선행的 조건과 상이하다

14 무기력에 대한 적대的 공포는 기력에 대한 친화的 호감과 대립하지 않다

15 상대的 대상이란 이해관계에 대한 원인的 타산과 결과的 합산의 교합에 의한 물리的 표현이다

16 미련한 죽음은 어둠에 몰입한 공간의 시간的 개념에 대한 물질的 의식이다

17 비판的 순수란 미련과 무지의 편의的 이익에 대한 편취자의 자의的 해석이다

18 소모的 애통이란 대립에 대한 절대的 고독에 의한 자아상실에 대한 타의的 고충이다

19 판단的 사고에 대한 믿음은 비판的 결론에 대한 의식的 타당성에 대한 신뢰는 아니다

20 객관的 인지에 의한 이성의 딜레마는 인지의 주체가 극히 주관的이라는 감성 때문이다

제3부 애哀

흑내(黑耐)*

아침마다

구운 커피열매 한줌
파쇄기에 넣고
빽빽한 손잡이를 돌린다

돌릴 때마다
톱니바퀴에 걸려
존재를 마감하는 열매들

한 올 한 올
부서지고 깨어져 가루 되는
까만 짓이김의 느낌

손끝에 전해져 올 때

지난 저녁
비겁한 관대와

무능한 용서를 후회하며

오늘 저녁
비겁한 자학과
무식한 질타를 요구하며

오늘 이 하루
소리 죽여
새까만 하루를 맞이한다

* 커피를 우려내는 과정을 '물흐릴 혹潶, 견딜 내耐'라고 명명함.

방랑자

가을 저녁
바람과 빛에 지친 노을

굽은 허리로 산을 넘는다

하늘을 보면
밀려오는 만추의 파동

바람이
누구의 이름인지 모를 때

나를 부정하는
정맥正脈*의 울음터

나는 진실로 정직하지 않았다
나는 진실로 사랑하지 않았다

산 넘으면 오지 않는 오늘

검푸른 하늘가 울면서 간다

* 백두대간의 지류로 호남정맥를 말함.

무인무풍無人無風

비는
오지 않는다고
바람에게 말했다

사랑은
오지 않는다고
당신에게 말했다

장마는 한달 동안 내렸다

사랑은 먹구름을 비껴갔다

하늘엔 그리움만 쌓여갔다

이별의 사랑

너를 사랑하기까지
나는 안주할 수 없었다

사랑하는 것만으로
두려운 이별이 있었기에

너를 보내기까지
나는 안주할 수 없었다

떠나는 것만으로
두려운 사랑이 있었기에

하지만
인연으로 너를 보내고
네 안에 안착할 수 있었다

사랑으로 이별이 두려울 수 없었기에
이별로 사랑이 두려울 수 없었기에

유월의 질주

— 전군산업도로를 달리며

바람도 습도에 멈춘 질주
유월 세상은 온통 회색빛 번짐이다

숨이 막혀올수록
낮은 호흡에 지친 나락奈落

질주 속 정적靜寂을 들어
탄식을 거부하는 이유는 없다

젖은 보리에 익은 불은
의식을 잿빛으로 채울 수밖에

멀고 긴 허공엔
사람 그리운 흔적도 없다

꿈도 아닌 사연을
들에 묻힌 아픔이라 말할 수 없기에

바람도 어둠에 멈춘 질주
유월 세상은 온통 회색빛 번짐이다

장마 2

하늘 아래 누군들
저리
슬피 울지 않았으리
가슴 치며 피 토하지 않았으리

내가 아닌 너와
네가 아닌 나의 부끄러움

버릇처럼 구겨진 중년이 되면
돌의 깊이만큼 바다 속으로 가자
화석의 몸부림만큼 바위 속으로 가자

마음에 정을 두는 순간

상심한 사람의 노예 되어
자신의 소리를 듣지 못하나니
피폐한 사람의 인연 되어
타인의 소리를 듣지 못하나니

보름 넘도록 연이어
여름비 내리고 남서풍 불던 날

지친 의식은 서서히 흐려지고
다음 생 준비하는 죽음을 살자

독일, 프랑크푸르트에서

— 타향을 찾아

떠난 곳 다시 가보고 싶었다
그곳을 또 떠나면
다시는 그리워하지 않을 것이기에

그리고 먼 길 돌아 그곳에 갔다

그곳엔
내가 찾던 그리움이 없었다
내가 모를 낯설음만 퇴색되어 있었다

떠났기에 그리웠다면
다시 떠남으로 남는 그리움은 무엇이 될까

헤어진 사람들 다시 만나고 싶었다
그들과 또 헤어지면
다시는 그리워하지 않을 것이기에

그리고 먼 시간 흘러 그들을 찾아 갔다

그곳엔
찾던 사람들이 없었다
내가 모를 낯선 군상들만 잿빛으로 가득했다

독일, 뒤셀도르프에서
— 낯섦

낯선 도시에서
낯선 사람들 만나
낯선 대화를 듣는다

불화와
송사와
판결에 얽힌
낯선 사람들 이야기 속에서

평범한 사람들의 보편적인 삶을 듣는다

낯선 도시에서
낯선 사람들 만나
낯선 대화를 듣는 것이

낯설지 않게 된다

고향의 의미

고향을 떠나면 사람들은 왜 고향을 그리워할까
보고 싶은 이들이 고향에 남아 있기 때문일까
그래서 보고 싶은 이들을 타향으로 데려가면
고향은 더 이상 그리워하지 않게 되는 것일까

고향에 오면 사람들은 왜 타향을 그리워할까
보고 싶은 이들이 타향에 남아 있기 때문일까
그래서 보고 싶은 이들을 고향으로 다시 데려오면
타향은 더 이상 그리워하지 않게 되는 것일까

보고 싶은 사람이 없는 곳엔 낯설음과 어색함만 가득하다
가고 싶어도 갈 수 없는 곳엔 그리움과 아쉬움만 가득하다

운일암 반일암

운장산 아래

무딘 세월 물살로 깎여
굽이 쳐 이룬 골짜기마다

서해 바람 호남을 달리다
고개 넘어 쉬던
구름 반半, 햇님 반半

이곳에 길과 다리를 내었다

해가 지면 어둠으로 몰려드는
사람 반, 자동차 반
계곡 가득 삼겹살에 소주
연기 반, 냄새 반

별빛도
바람도 사라진 하늘가

아스팔트 온도와 콘크리트 무게만 뿌옇게 남아
있다

부엉이 바위

새벽 먼동

외로움이 그리움인 것을
그리움이 서러움인 것을

세월이 흘러
잊을 수만 있다면

하늘이 저토록

푸를 수가 없는 것을
깊을 수가 없는 것을

진정

진실眞實은 외로움이었나요
정의正義는 서러움이었나요

한 마리
새의 몸짓으로

세파에 몸을 던진
당신의 한 맺힌 절규

눈물이 고입니다

피눈물이 고입니다

비바람

비가 오면
음울陰鬱을 밟는다

바람 불면
나락奈落을 태운다

영혼이 있었다면
죽음을 두려워하지 않았으리

사랑이 있었다면
이별을 슬퍼하지 않았으리

비가 오면 농락籠絡을 밟는다

바람이 불면 허무虛無를 태운다

후회

오늘을 보내면
내일은
다시 오지 않는다

존재도 같은 것

나를 보내면
당신은
다시 오지 않는다

운명運命

보고 싶다고
다
볼 수 없다

주고 싶다고
다
줄 수 없다

울고 싶다고
다
울 수 없다

사랑한다고
다
사랑할 수 없다

우리에게는
다
할 수 없는 이유도 없다

사랑

1

처음 사랑은 없었다
없던 사랑은 관념처럼 스스로 만들어졌다
사랑은 이미 만들어진 환상幻想이었다
그리고 사람을 만났다
사랑이라고 생각했다
그러나 사랑은 사람을 위한 사랑인지
사랑을 위한 사랑인지 구분하지 못했다
그리고 사람은 사람을 위한 사람인지
사랑을 위한 사람인지 구분하지 못했다
그래서 영원히 사랑은 사람에 갈망하고
사람은 사랑에 갈망하는 모순을 만들었다
그리고 모순은 체념과 방황이라는 선택을 남기었다
더불어 사람은 전자라는 책임과 후자라는 무책임에 얽매였다
현실 사랑은 자신을 위한 만족이었다
현실 사랑은 자신을 위한 변명이었다

2

내가 있어 시작한 사랑
내가 없어 종료될 사랑
사랑은 유한有限의 존재
현실은
사랑에 집착할수록 사람에 만족할 수 없고
사람에 집착할수록 사랑에 만족할 수 없는
재귀적再歸的 모순
모순의 관계는 영원하기에 그것은 스스로 해결될 수 없었다

3

처음 사랑이라고 했다; 지금 생활뿐이다
처음 영원하다고 했다; 지금 현재뿐이다
처음 꿈이라고 했다; 지금 현실뿐이다
처음 기다림이라 했다; 지금 필요뿐이다
처음 믿음이라 했다; 지금 강요뿐이다

처음 이해라 했다; 지금 상념뿐이다
처음 행복이라 했다; 지금 안락뿐이다
처음 존재라 했다; 지금 생존뿐이다
처음 사랑이라 했다; 지금 사람뿐이다

4
시간을 보냈다
모순으로 갈등하는 무한의 반복反復으로
사랑이 사랑에 집착하듯
갈등은 갈등에 집착하여
갈등의 원인은 무한의 역반복이 되었다
사람이 사람에 집착하듯
역반복은 역반복에 집착하고
역반복의 원인은 순반복의 재반복이 되었다
반복은 반복에 집착하고
역반복은 역반복에 집착하고
순반복은 순반복에 집착하고

재반복은 재반복에 집착하고
반복은 반복 이상의 의미를 상실했다
기억은 반복 같은 것
기억이 반복될 때 반복 이상의 의미가 없다
사랑은 기억 같은 것
사랑이 반복될 때 반복 이상 의미가 없다

5

그리움이 있다
사랑은 처음
사람이 전제前提된 사랑이어야 한다는 그리움
사람이 사람을 만나 사람으로 시작하는
사람에 대한 사람의 갈망이어야 한다는 그리움
사랑은 사람에 의한 생활이어야 한다는 그리움

결국 사람과 하나가 되어야 한다는 그리움

6

사랑이라는 이름으로
사람이라는 이름으로
모순으로 희미해진
사랑의 의미를
사람의 의미를 기억하기 싫어
모순의 반복을 반복하고 있다, 영원히

제4부 락樂

메타-패러독스가 된 시인

우리는 가끔 무결성無缺性을 꿈꾼다

하늘보다 투명한
공기보다 시원한
풀잎보다 짙푸른
사람보다 따뜻한
그리고
철학보다 명쾌한
건전성健全性과 완전성完全性을 꿈꾼다

하지만
우리가 사는 세상은 모순의 집합체集合體

우리는
거짓으로 진실을 말하고
폭력으로 비폭력을 주장하고
학대와 무관심으로 참사랑을 행하는 시대에 살고
있다

나는 이런 가치를 부정하고 싶었다

나는
거짓은 거짓이라고
폭력은 폭력이라고
학대와 무관심은 단지 학대와 무관심이라고
진실과 비폭력과 참사랑을 말하고 싶었다

즉 모순으로 모순을 증명하고 싶었다

하지만
진실은 거짓의 거짓을 낳고
비폭력은 폭력의 폭력을 낳고
참사랑은 학대의 학대, 무관심의 무관심을 낳을 때

나는
모순으로 모순을 증명하는 그 자체가
또 다른 모순임을 증명하는 메타-패러독스가 되었다

시인의 패러독스

어느 시인이 말했다:
"모든 시인은 허풍쟁이다"

이 말이 참이면,
이 시인이 한 말, 즉
"모든 시인은 허풍쟁이다"라는 말이 허풍임으로
"모든 시인은 허풍쟁이가 아니다"가 되고,

이 말이 거짓이면,
이 시인이 한 말, 즉
"모든 시인은 허풍쟁이다"라는 말이 허풍이 아님으로
"모든 시인은 허풍쟁이다"가 된다

즉
참이면 거짓이고
거짓이면 참이 된다

그래서
어느 시인이라도
자기 자신을 포함해서
"모든 시인은 허풍쟁이다"라고 감히 말할 수 없게 된다

메타-딜레마

거울 앞에 섰다
거울 속에만 존재하는 너

네가 슬프면 나도 슬펐고
네가 기쁘면 나도 기뻤다

너도
내가 슬프고 기쁠 때
나만큼 슬퍼했고 기뻐했을까

그랬다면,
우리는 무한의 반영反映
그리고 영원한 합일체合一體
그러므로
더욱 슬프고, 더 더욱 기쁜 서로의 존재

그렇지 않았다면,
우리는 무한의 반영

그러나 영원한 합이체合二體
그러므로
슬프나 슬플 수 없고
기쁘나 기쁠 수 없는, 또 다른 존재

너의 선택은 무엇일까
그리고 너의 선택에 대한 나의 선택은 무엇일까

너의 선택이 딜레마라면
나의 선택은 딜레마의 딜레마

지금 내가 외로워지는 까닭은
네가 슬퍼도, 내가 슬퍼하지 않을 수도 있다는
네가 기뻐도, 내가 기뻐하지 않을 수도 있다는
너의 그렇지 않음에 대한, 나의 그렇지 않음의 가능성 때문이지 않을까

그러나
내가 더욱 외로운 까닭은
우리의 슬픔은 슬픔에 의한 슬픔이라는
우리의 기쁨은 기쁨에 의한 기쁨이라는
우리의 딜레마는 딜레마에 의한 딜레마라는
순환循環 때문, 순환의 순환 때문에

결국
내가 너에게 등을 돌리면
너도 나에게 등을 돌릴 수밖에
또한
네가 나에게 등을 돌리면
나도 너에게 등을 돌릴 수밖에

순간, 반영적反映的으로
그러나
거울 속으로, 영원히

그리움이란

그리움이란
오는 것을 기다리는 것이 아니다

그리움이란
오지 않는 것을 기다리는 것이 아니다

그리움이란

오는 것도 없고
오지 않는 것도 없는 적막 속에서

찾아갈 수 없는 곳을 찾는 것이다

그리고
그 곳에서

찾을 수 없는 것을 찾는 것이다

'~다'이즘의 모순

우리는 언제부턴가
종교와 과학의 이름으로
우리를 "~다"라고 단정했'다'

우리는 언제부턴가
역사와 사회의 이름으로
우리를 "~다"라고 단언했'다'

그러나 우리는
상대적으로 변하는 정반합正反合의 생명체
절대적으로 반복하는 재귀적 운명체

끊임없는 변화와 반복 속에서

우리를 단정하는 순간
우리는 반反-단정될 수 밖에
우리를 단언하는 순간
우리는 반反-단언될 수 밖에 없'다'

즉
우리는 또 다시 합合-단정되어야 한'다'
우리는 또 다시 합合-단언되어야 한'다'

영원한 변화와 반복 속에서

치매

깨달음을 얻었다
그리고
치매에 걸렸다
깨달음인지 알 수가 없다

깨달음을 얻지 못했다
그리고
치매에 걸렸다
깨달음이 아닌지 알 수가 없다

깨달음이란 하나의 형식인 것을
치매 앞에
깨달음이란 한낱 물거품인 것을

결국 깨닫게 되었다

화두

주는 것이다
그리고 잊는 것이다

준 것을 기억하는 건
준 것이 아니다
준 것을 되돌려 받으려 하는 것이다

진정 준 것은
준 것 자체도 모르는 것이다

존재의 가치

존재의 가치는
역설적으로
존재하지 않을 때 비로소 결정된다

초심의 의미

제자가 택배로
배 한상자에 메모를 보냈다
초심 잃지 마시라고

몇 일 두고 무슨 뜻인지 생각했다

그리고
메모를 작성했다

이런 배 상자 받지 않는 것이
나의 초심이라고

그리고
그 배 상자를 택배로 되돌려 보냈다

이것이 나의 진정한 초심이었다

역설逆雪*

겨울 되어
나무가 단풍 옷 벗으면 산도 따라 단풍 옷 벗는다
산이 입었던 옷은 나무들이 입었던 옷 아니던가

나무들 옷 벗어 가지들 드러나면
산 능선이 골의 깊이만큼 선명하게 드러난다

눈 와서
산이 흰 옷 입으면 나무도 따라 흰 옷 입는다
나무가 입는 옷은 산이 입는 옷 아니던가

산이 옷 입어 능선들 살찌우면
나무의 가지들이 맨살의 깊이만큼 선명하게 드러
난다

사랑 앞에서
네가 산 되면 나는 나무가 되고
내가 산 되면 너는 나무 된다

---

* 눈이 와서 역으로 뚜렷한 형태가 비로소 나타나는 현상을 명명함.

섭리

가을이 절대 오지 않을 줄 알았다
지천명 넘기며 사계의 변화 반백번 보았어도
폭염과 폭우의 여름 영원히 지속될 줄 알았다
자연은 가혹했고 나는 무기력했다
겨울이 다 해서 봄 왔던 것처럼
여름이 다 해서 가을이 올 것을 알면서도
나는 왜 계절의 변화를 기다리지 못했던 것일까
나는 왜 계절이 변해야만 비로소 새로운 계절이
왔음을 알게 되는 것일까
변화란 영원함이 없다는 자연의 속삭임을
나는 왜 변한 다음에 비로소 알게 되는 것일까

나는 내 자신이 안타까울 뿐이다

백령도 사곶*

십억 년 전 나는 대지에 모래처럼 쌓인 규사토였어
대륙의 이동과 대지의 변화에 따라 나는 깊은 땅속으로 들어가게 되었지
그리고 수억년동안 멘틀에 깔려 압축과 변형의 과정을 거쳐
아주 단단한 규암이 되었고
수억 년 전 다시 대륙의 이동과 대지의 변화에 따라
나는 다시 대지에 나오게 되었어
이 과정에서 많은 융기와 절단과 굴곡의 과정을 거쳐
나는 우뚝선 바위로 바다 한가운데 서게 되었던 거야
내가 다시 만난 대기는 이전의 대기가 아니었어
내가 다시 만난 바다 또한 이전의 바다가 아니었어

---

* 백령도 사곶 해변

파랗게 높아진 새로운 하늘은 내가 그 동안 겪었던 과정을 이해하는 것만 같았어

푸르게 깊어진 새로운 바다 또한 내가 그 동안 겪었던 과정을 이해하는 것만 같았어

하지만 하늘과 바다는 이후 나처럼 다시 많은 변화를 겪게 되었어

수천만, 수백만년의 빙하기를 거치면서
대기가 차가워지면 바닷물이 줄어드는 것을,
대기가 뜨거워지면 다시 차오르는 것을,
수백, 수천번은 보았을 거야

그러는 동안 나는 바다 한가운데서 거대한 파도를 온 몸으로 맞섰던 거야

그러는 동안 내 몸은 조금씩 부서져 모래알이 되었고

나는 조금씩 나의 형체를 잃어가기 시작했어

하지만 다행인 것은 부서지고 깨어진 내 죽음의 분신들이

규사토가 되어 그 거친 파도로부터 나를 보호하게 되었던거야

그리고 긴 시간이 흐르게 되었어

그런데 언제부턴가 인간이 나타나고 건물이 들어서고 비행기가 날면서

나를 보호하던 그 모래들이 점점 사라지거나 물속으로 잠기기 시작했어

나는 인간들에 의해 남획되고

규사토라는 보호막을 조금씩 잃기 시작했던 거지

그리고 나는 다시 거친 파도를 맞이해야 하는 운명에 처하게 되었던거야

하지만 그 순간 나는 대지의 큰 변화를 감지했어

대지는 자신의 큰 변화를 다시 서서히 시작하는 것 같았어

내가 다시 땅 속으로 들어가야 하는 시기를 준비하고 있었나봐

즉 내가 규암에서 다시 규사토가 되어지고

다시 땅속으로 들어가서 수억년 동안 규암으로 뜨겁게 구워져

다시 대지로 나올 수 있는 그 기나긴 과정을 시작하려나봐

그런데 다행인 것은 인간이 그 과정의 첫단계,

즉 규사토로 변하는 과정을 촉진시키는 역할을 하나봐

인간의 역할이 내 윤회의 매개체라면

나도 그들에게 어떤 의미가 있는 존재라는 생각이 들어

나는 그들에게 어떤 존재일까

서로가 서로를 돕는 존재라면, 이것은 선순환적 윤회가 아닐까

그런데 인간의 윤회는 너무 짧아서 내 윤회를 이해 못할지도 몰라

아마도 내 윤회 과정이 너무 길어서

인간들은 내가 윤회를 거치는 하나의 생명체임을 이해하지 못할 수도 있어

그렇게 되면 우리의 선순환적 윤회는 어떤 의미가 있는 것일까

내가 땅 속으로 들어가 다시 나오게 될 때쯤

인간들이 자신들의 윤회의 굴레에서 벗어나 있기를 나는 바래

나는 어차피 몇 번의 윤회밖에 남아 있질 않거든

내 입장에서 보면 지구의 삶도 그리 많이 남아 있지 않고

우리는 지구의 죽음과 함께 다시 새로운 물질로 태어날 거니까

지구의 마음

오랜 일이지
내 공기에 너무나 많은 CO_2가 있었어
원래 지구를 구성하는 우주의 한 물질로
내가 만들어지는 과정에서 필수적으로 형성된 기체이지만
나는 견딜 수가 없었어
생명이 움틀 수 없은 환경이었으니깐

나란 존재는 항상 자연적 속성과 물질적 특징에 따라
생명체라는 존재를 가질 수밖에 없었거든
나에게 물이 주어졌고 에너지가 응축이 되었고
유기물이 생성됨으로서
유기물 운동과 자기복제가 시작되었던 거야
드디어 내 안에 생명이 시작된 거지

하지만 대기에 뿌려진 너무나 많은 CO_2와 독성 때문에 생명체가 진화하기 어려웠어

원래 생명이란 진화하는 속성이 있거든

주어진 환경에 따라 끊임없이 변하고 적응하는 거야

그 이유는 우리가 원래 같은 뿌리를 가진 존재이기 때문이지

하지만 내 환경이 너무 열악해서 생명체가 진화적 속성을 가지기 어려웠어

나는 고민했었어

어떻게 하면 나를 포함한 우리 생명체들의 환경을 개선할 수 있을 것인가

먼저 나는 산소를 대량으로 발생시키기로 했어

그래서 바다에서 시작한 생명체 중에

산소를 발생시키는 식물성 플랑크톤의 성장을 돕기 시작했지

플랑크톤은 CO_2를 소화시켜 O_2를 발생시키고 C는 체내에 축적을 하기 시작한 거지

나는 이제 숨통이 트이기 시작했어

겨우 숨을 쉴 수 있게 되었어

그리고 대류와 대기의 순환이 규칙적으로 변하고

대지에 습한 환경이 만들어지면서

나에게 식물이 서식할 수 있는 환경이 만들어지게 되었어

이 식물들도 플랑크톤과 같은 존재였어

식물들이 왕성하게 CO_2를 소화시켜 O_2를 발생시키고 C는 체내에 축적을 하기 시작한거지

드디어 나에게 생명이 서식하고 번식하고 진화할 수 있는 최적의 환경이 마련된 거였어

그런데 고민이 생겼어

생명체에 축적된 C가 다시 대기로 유입되는 경우들이 발생된 거야

대형 화재가 발생되면 나는 다시 숨을 쉴 수 없게 되곤 했어

나는 이 문제를 해결할 수 있는 방안을 찾아보았지

여러 방법 중 하나는 대지나 해양 밑바닥에 축적이 된 C를 주기적으로 땅 속에 감추는 거였어

그것이 나에게는 암적인 존재가 될지는 몰라도

대기중의 CO_2를 처리하는 자연적이고 필연적인 방법이었으니깐

이렇게 해서 최고 지능을 가진 인간이라는 존재까지 탄생하게 되었던 거야

그런데 문제가 발생 되었어

인간이 나란 존재를 제대로 인식하지 못하고

나의 운동과 운행을 개선한다는 명분으로 나를 개발한다고 하는 거였어

인간은 내가 만든 최고의 존재이기 때문에 이런 정도는 이해할 수 있겠지만

인간은 판도라의 상자를 열고 만 거야

화석연료로 알려진

내가 오래 전에 생명체가 살 수 있는 최고의 환경

을 만들기 위해 땅 속 깊은 곳에 감추어 놓은 C를 열고 만 거였어

다시 C가 O_2로 연소 되면서 대기가 탁해지기 시작했어

내가 이제 제대로 숨 쉴 수가 없어

그런데 더 큰 문제가 있어

화석연료의 부산물인 플라스틱이 바다에 버려지기 시작했어

바다 생물들이 죽기 시작한 거야

이건 남획으로 죽는 것보다 더 심각해

결국 식물성 플랑크톤이 살 수 없는 해양환경이 만들어지고 있어

플랑크톤은 매우 중요한 거야

CO_2를 분해해서 O_2를 발생시키고 C는 체내에 축적을 하거든

그리고 이 플랑크톤은 바다 생태계의 가장 기본이 되는 생명이거든

이제 지구의 생태계가 무너지기 시작했어

내가 가만히 있다가는 지구는 생명이 살 수 없는 행성이 되고 말거야

즉 나란 존재의 가치가 없어진단 의미와 같은 거야

내가 결정을 내릴 때가 된 것 같아

지구에서 인간의 존재를 없애는 거야

내가 만들었던 최고의 생명체인 인간이 지구 최대의 암적 존재가 되고 말았어

인간은 이전에 있었던 CO_2와는 비교가 되지 않을 정도의 강한 독성을 가졌어

특히 지능이라는 이기적인 독성을 가지고 있어서

CO_2를 처리했던 것처럼 단순하지가 않아

한 가지 방법을 동원하면 인간은 이 방법에 대한 대응책이라는 것으로 나에게 도전을 해오기도 하는 것 같아

이제 내가 쓸 수 있는 방법은

인간이 살 수 없는 최악의 환경을 만드는 수밖에 없을 지도 몰라

그러게 되면 다른 동물들의 희생이 따를 수도 있어

하지만 그건 지구를 보호하기 위한 최선의 방법이기 때문에 희생은 피할 수 없는 결과일 지도 몰라

그건 내 안에 존재하는 생명이라는 궁극적인 가치를 보호하기 위한 것이기에

나에게는 다른 선택이 없어

나는 궁금해

이것이 과연 자연의 법칙일까

내가 만든 최고 생명체 때문에 내가 그 생명체을 제거해야 하는 것이

그럼 인간이 제거된 이후 또 다른 생명체가 최고의 경지에 이른 다음

나는 이와 같은 작업을 반복해야만 하는 것일까

그럼 자연은 이런 일을 끊임없이 반복하는 단순한 물질의 운동에 불과한 것일까

또 다른 궁금한 것이 있어
그건 내가 만든 최고의 존재에 관한 거야
이것이 궁극적인 인간의 한계일까
인간은 이 이상 더 진화할 수 없을까
만약 이 단계의 인간이 더 진화할 수 없다면
내 안에 잠재하는 다음 단계 최고의 생명체에게 내가 바랄 것은 과연 있을까

나도 숙제가 있는 것 같아
이런 모든 결과가 내가 만든 것일까
그렇다면 왜 사전에 이런 결과를 예방하지 못했을까

하지만 내가 모든 것을 조절한다면
현재 인간이 자연을 조작하는 것과 뭐가 다르겠어

나는 자연이 아니라 또 다른 인간과 같은 존재가 되고 마는 것이지 아니겠어

강요할 수는 없지만

인간이 나를 통해서 나의 가치와 운동을 배웠으면 해

그래서 내가 내 안에 있는 존재에 대해 같이 공존할 수만 있다면

나는 그 이상 바라는 것도 없어

그것이 나의 존재의 의미이며 진정한 가치이니까

에필로그

시를 읽는 유일한 그대 - 독자를 위하여

메타-사유와 메타-존재의 시적詩的 등가성等價性

이문근 | 전북대 컴퓨터공학부 교수

1. 사유하는 시

"나는 생각한다. 고로 존재한다"라는 데카르트의 언명은 인간의 존재 가치가 인간의 고유한 사유思惟에 있다는 그 시대의 철학과 가치를 반영했다. 하지만 데카르트의 언명은, 인간 이외의 다른 동물들도 생각한다는 최근 연구결과를 볼 때, 이러한 존재의 전제조건이 사유라는 조건식條件式은 재해석되어야 한다. 데카르트적 인간의 사유는 동물의 사유와 어떻게 다른가에 대한 여러 관점들이 있을 수 있다. 그러나 근본적인 다른 점은 사유에 대한 메타적 구조에 있다고 판단된다. 그 이유는 인간의 사유에는 인간의 사유 그 자체가 인간 사유의 대상이 될 수 있지만, 동물의 사유에는 동물 사유 그 자체가 동물 사유의 대상이 될 수 없다는 사유 대상에 대한 구조적 관점의 차이 때문이다. 동물의 사유는 단순한 사유에 머무르지만, 인간의 사유는 단순한 사유에 머무르지 않고, 메타-사유, 즉 초超-사유에 이른다는 점이 데카르트 언명이 지닌 진정한 인간의 사유적 가치이리라.

동물과 달리 인간만이 지닌 '사유적 가치'를 시에 적용해보면 어떨까? 예를 들어, "나는 시를 쓴다. 고로 존재한다" 라는 무명 시인의 언명이 있다고 가정하자. 이는 시인의 존재 가치는 그 시인의 고유한 작시作詩에 있다는 그 개인 철학과 가치를 반영한 것이다. 이에 대한 다양한 해석이 가능하겠지만, 데카르트적 사유의 관점처럼, 작시의 메타 구조적 해석이 가능하다고 판단된다. 즉 시인의 작시에는 시인의 작시 그 자체가 시인 작시의 대상이 될 수 있다는 작시 대상에 대한 구조적 관점을 적용할 수 있다는 말이다. 바로 이점, 시인의 작시는 단순한 작시에 머무르지 않고, 메타-작시, 즉 초-작시에 이른다는 점이 데카르트 언명과 같은 관점에서 무명 시인의 언명이 가지는 진정한 작시의 가치이리라.

데카르트적 사유의 관점과 무명 시인의 작시의 관점이 바로, 독자들에게, 나(이하 시인)의 시를 이해하기 위한 필요조건이라는 관점에서 나-시인의 시를 다음과 같이 해석할 수 있다.

2. 메타-모순: 모순의 모순

나-시인의 시 소재는 다양하지만, 그 중 핵심적인 것은 자연과 사회 및 인간사에서 반복되는 현상의 본질이 무엇인가를 밝히는 것이다. 시인이 밝히고자 하는 그 본질이 무엇인지를 알아보기에 앞서, 시인이 인식하는 세상은 어떤 세상인지 확인해 보자. 시인은 세상을 '모순의 집합체'로 보고 있다:

우리는
거짓으로 진실을 말하고
폭력으로 비폭력을 주장하고
학대와 무관심으로 참사랑을 행하는 시대에 살고 있다

—「메타-패러독스가 된 시인」 일부

위 시는 시인이 바라보는 세상이 얼마나 위선적이며 모순적인가를 극적으로 보여주는 한 예이다. 시인이 원하는 세상은 '진실'과 '평화'와 '참사랑'이 넘쳐나는 세상이다. 이러한 세상은 인간이 태초부터 꿈꾸어오던 유토피아 같은 세상일 것이다. 시인이 이런 세상을 원하는 이유가 이러한 세상에서는 우리 모두 참자아를 발견할 수 있기 때문이며, 이러한 세상이 만들어지기 어려운 이유를 시인은 다음과 같이 설명한다.

시인이 인식하는 세상은 단순한 '거짓'과 '폭력' 그리고 '학대'와 '무관심'이 판을 치는 세상이 아니다. 차라리 이런 세상이면, 이런 명백한 '거짓'과 '폭력' 그리고 '학대'와 '무관심'을 제거하면, 시인이 원하는, '진실'과 '평화'와 '참사랑'이 넘쳐나는 세상이 쉽게 만들어지게 될 것이다.

하지만, 이 세상은 "거짓으로 진실을 말하고", "폭력으로 비폭력을 주장하고", "학대와 무관심으로 참사랑을 행하는" 위선과 모순이 만연한 세상이기 때문에 시인이 원하는 세상을 만들기가 매우 어렵다는 것이다.

그래서 시인이 이러한 위선과 모순을 시를 통해서 밝히고자 하면, 이 세상은 정화가 되는 것이 아니라, 역으로 '거짓'과 '폭력' 그리고 '학대와 무관심'이 또 다른 '거짓의 거짓', '폭력의 폭력', '학대의 학대'와 '무관심의 무관심'으로 다시 위선과 모순을 재귀적再歸的으로 반복할 뿐만 아니라, 더 악화된다고, 시인은 다음과 같이 표현한다.

> 진실은 거짓의 거짓을 낳고
> 비폭력은 폭력의 폭력을 낳고
> 참사랑은 학대의 학대, 무관심의 무관심을 낳을 때
> ―「메타-패러독스가 된 시인」 일부

자신이 그 모순을 밝히려는 노력이 결국 모순의 모순을 낳았다는, 즉 정반합의 관점이 아니라, 끊임없이 재귀적으로 반복한다는 모순의 구조성을 시인은 다음과 같이 밝히고 있다.

> 나는
> 모순으로 모순을 증명하는 그 자체가
> 또 다른 모순임을 증명하는 메타-패러독스가 되었다
> ―「메타-패러독스가 된 시인」 일부

이는 어떤 의미에서 운명적 절망을 토로하고 있다고 볼 수 있다. 문제에 접근할 때마다, 문제 자체가 끊임없이 그 문제의 본질적인 구조로 더욱 악화되는 모순을 안고 있는 우리 시대의 아픔과, 그것을 근본적으로 해결하기 위한 접근 방법의 본질적인 구조로 더욱 더 집요하게 그 문제에 접근해야 하는 우리 인간의 절망적인 운명. 이를 시인은 '메타 패러독스'라고 정의한다.

'메타 패러독스'라는 운명에 직면하면서 현실에 안주할 수 없는 시인은 자신이 '꿈꾸는' 세상이 어떤 세상인지를 다음과 같이 제시하고 있다.

> 우리는 가끔 무결성無缺性을 꿈꾼다
>
> 하늘보다 투명한
> 공기보다 시원한
> 풀잎보다 짙푸른
> 사람보다 따뜻한
> 그리고
> 철학보다 명쾌한
> 건전성健全性과 완전성完全性을 꿈꾼다
>
> —「메타-패러독스가 된 시인」 일부

'건전성'과 '완전성'이 보장된 세상. 언명의 전제조건이 참일 때, 그 결과가 거짓일 수 없는 '건전성', 그리고 모든 언명의 전제조건이 모두 참인 '건전성'을 보장하는 '완전성'. '건전성'과 '완전성'이 보장된 세상을 우리는 유토피아 또는 천국이라고 말할 수 있다. 하지만 이를 판단하기 전에, 이런 세상을 만들기 위해, 시인이 제시한 구체적인 조건들을 살펴보기로 하자.

3. 제1조건: 시인의 탈모순성

시인은 먼저 시인 '자신의 탈모순'의 조건을 제시한다. 그 조건은 다음과 같다:

> 어느 시인이 말했다:
> "모든 시인은 허풍쟁이다"
>
> —「시인의 패러독스」 일부

이 조건은 그 유명한 그리이스의 소피스트인 에피메니데스의 역설을 시인 자신에게 적용하여 그 역설의 술어를 시인에 대한 역설적 조건으로 바꾼 것이다.

역설이란 주어진 하나의 문장 또는 명제에 대해 참과 거짓이 동시에 성립되는 경우를 의미한다. 이런 역설들 중 하나의 유형으로 화자의 입장이 그가 주장하는 문장이나 명제에 종속되어 그 진위여부에 영향을 미치는 경우가 있는데, 대표적인 예가 에피메니데스의 역설이다. 이 조건이 의미하는 역설적 진위성은 다음과 같다.

> 이 말이 참이면,
> 이 시인이 한 말, 즉
> "모든 시인은 허풍쟁이다"라는 말이 허풍임으로
> "모든 시인은 허풍쟁이가 아니다"가 되고,
>
> 이 말이 거짓이면,
> 이 시인이 한 말, 즉
> "모든 시인은 허풍쟁이다"라는 말이 허풍이 아님으로
> "모든 시인은 허풍쟁이다"가 된다
>
> —「시인의 패러독스」 일부

이러한 주장을 증명하는 일은 쉽지 않다. 왜냐하면, 모든 시인들의 대상 범위를 규정하는 것뿐만이 아니라, 이를 귀납적으로 증명하기 위해 통계적인 조건하의 표본 대상을 우선 설정해야한다. 이렇게 설정

한다 하더라도, 그들이 허풍쟁이라는 진위성을 판단하는 것에 대한 원칙과 기준을 설정하는 것과 그 표본 대상에 대해 이 원칙과 기준을 적용하는 것 또한 객관적인가에 대한 판단이 문제가 될 수 있다. 어떤 면에서는 이런 문제를 증명한다는 것 자체가 불가능한 일일 수도 있다. 그러나 이런 주장을 하는 사람이 '시인'이라면 증명은 의외로 단순해진다. 즉 이 주장이 참이라면, 나-이문근은 '시인'이고 '시인'들은 허풍쟁이임으로, 허풍쟁이가 하는 참인 문장은 역으로 거짓이 된다. 역으로 이 주장이 거짓이라면, 나-이문근은 '시인'이고, '시인'들은 허풍쟁이임으로, 하풍쟁이가 하는 거짓 문장은 결국 참이 된다. 참이라고 가정하면 거짓이 되고, 거짓이라고 가정하면 참이 되어버린다. 즉 역설이 되어 버리고 만다. 그래서 시인은 다음과 같이 진위와 결과를 밝힌다.

즉
참이면 거짓이고
거짓이면 참이 된다
그래서
어느 시인이라도,
자기 자신을 포함해서,

> “모든 시인은 허풍쟁이다”라고 감히 말할 수 없게
> 된다
>
> —「시인의 패러독스」 일부

“어느 시인이라도/자기 자신을 포함해서/‘모든 시인은 허풍쟁이다’라고 감히 말할 수 없게 된다”는 것이 중요한 조건이 되었는지 살펴보자. 시인이 밝히고자 했던 것은, ‘시인’이 모순에 빠지게 되는 경우는 자신이 허풍을 떨거나 거짓을 말할 때이므로, 그 모순에 빠지지 않기 위해서는, ‘시인’은 항상 허풍을 떨거나 거짓을 말하지 않아야 된다는, 다시 말하면, 항상 진실만을 말해야 한다는 조건이다.

이 조건이 시사하는 바는 중요하다. 왜냐하면, 이는 시를 쓰는 ‘시인’의 가장 기본적인 자세를 말하고 있기 때문이다. ‘시인’이 이 자세를 버리는 순간, 그의 시는 자신의 시적 모순에 빠지는 결과를 낳는다는 경고임에 분명하다. 이 조건은 시의 메타적 제1의 성질이다. 그 다음 조건을 살펴보자.

4. 제2조건: 자아의 상대적 순환 모순성 인식

진실만을 작시해야하는 '시인'의 입장에서, 시인이 자신을 어떻게 인식하고 있는지 살펴보자. 그리고, 역으로 시인은 시를 쓰기 위해 자신은 자신을 어떻게 성찰해야 하는지를 살펴보자. 이 문제가 시인이 거론하고 있는 두 번째 조건이다. 시인은 자아에 대한 성찰을 거울 속에 있는 자신과의 대비對比로 비유한다. 이를 위해 시인은 자신을 다음과 같이 두 개의 자아로 구분한다.

> 거울 앞에 섰다
> 거울 속에만 존재하는 너
>
> —「메타-딜레마」 일부

하나는 거울 앞에 선 자아이고, 다른 하나는 거울 속에 있는 자아이다. 거울 앞에 선 자아를 주관적 자아로, 거울 속에 있는 자아를 객관적 자아로 설명할 수 있다. 그리고 객관적인 자아는 거울 속의 자아처럼 거울이라는 매개체를 통해서만 인식할 수 있는 대상임이 강조되고 있다. 즉 다른 매개체를 통해서는 인식할 수 없는 자아. 주관적 자아가 인식할 수 있는 환경에서만 존재하는 그런 객관적인 존재. 나아가, "영원한 합일체合一體"의 시구처럼, 두 개의 자아가 결국은 하나의 자아가 될 수밖에 없음을 암시하는 그런 자아의 근본적인 성질을 부각시켜주고 있는 것이다. 그런 주관적인 자아가 객관적인 자아에게 말한다.

> 네가 슬프면 나도 슬펐고
> 네가 기쁘면 나도 기뻤다
>
> —「메타-딜레마」 일부

즉 주관적인 자아는 자신의 기쁨과 슬픔은 객관적인 자아가 기쁨과 슬픔을 느낄 때 비로소 성립이 되는 것이라는 사실을 밝힌다. 즉 주관성은 객관성이 성립이 될 때 그 감성적 정당성이 성립된다는 절제된 그리고 통제된 감정을 드러낸다. 그리고 먼저 기쁘고 슬퍼할 수 없는 까닭에 대해 다음과 같이 반문한다.

> 너도
> 내가 슬프고 기쁠 때

나만큼 슬퍼했고 기뻐했을까

—「메타-딜레마」 일부

주관적인 자아가 기쁠 때 기쁘고, 슬플 때 슬픈 지를 객관적인 자아가 확인하는 이 상황은 절실하다. 그냥 확인하는 것이 아니고, 어느 정도까지 기뻐하고 슬펐는지를 확인하는 상황은 절실한 상황을 넘어서 절대적이기까지 하다. 다시 말하면, 주관적인 자아가 가지는 객관적인 자아에 대한 믿음이, 역으로 객관적인 자아로부터 주관적인 자아에 대한 믿음을 절대적으로 요구한다는 의미이다. 그리고 긍정적인 경우와 부정적인 경우를 들어 그 믿음이 가지는 의미를 다음과 같이 설명하고 있다.

그랬다면,
우리는 무한의 반영反映
그리고 영원한 합일체合一體
그러므로
더욱 슬프고, 더 더욱 기쁜 서로의 존재

그렇지 않았다면,
우리는 무한의 반영
그러나 영원한 합이체合二體

그러므로
슬프나 슬플 수 없고
기쁘나 기쁠 수 없는, 또 다른 존재
—「메타-딜레마」 일부

여기에서 '그랬다면'이라는 것은, 객관적인 자아가 주관적인 자아와 같이, 아니 주관적인 자아'만큼' 기쁘고 슬펐더라면 이라는 조건을 의미한다.

그럴 경우, 두 자아는 한치의 차이도 없는 영원한 서로의 합일체가 된다. 그래서 기쁨은 기쁨의 기쁨이 되고, 슬픔은 슬픔의 슬픔이 된다는 완벽한 동일성同一性과, 나아가 자아의 자아성自我性, 즉 주관성과 객관성의 일치가 구조적으로 성립된다는 것을 보여준다.

역으로 그렇지 않을 경우, 두 자아는 한치의 차이도 없지만 서로는 영원한 하나가 될 수 없는 분리체, 그래서 기쁨도 기쁨이 아니고, 슬픔도 슬픔이 될 수 없다는 그 주관적 자아와 객관적 자아의 격리와 개별화가 성립될 수밖에 없다는 것을 여실히 보여준다.

여기에서 말하는 객관적인 자아는 투명한 거울 속에 보이는 주관적인 자아가 인식하는 외형적인 자신의 모습만을 이야기 하는 것은 아니다. 그 객관적인 자아는 이 세상에 있는 그 어느 누구든 다 의미할 수 있다. 즉 어떤 누구와도 하나가 되어야 한다는 것이 시인이 주장하는 두 번째 조건이다. 즉 우리가 꿈꾸는 세상은 어떤 세상인가. 그 세상은 우리 모두가 하나가 되어 같이 기뻐하고, 같이 슬퍼하는 그런 공동체 사회를 이런 식으로 표현한 것이다. 그리고 그 어느 누구에게 묻는다. 선택이 무엇이냐고. 그리고 다시 자문하다, 그 선택에 대한 자신, 즉 주관적 자아의 선택은 무엇이냐고.

너의 선택은 무엇일까
그리고 너의 선택에 대한 나의 선택은 무엇일까

너의 선택이 딜레마라면
나의 선택은 딜레마의 딜레마

—「메타-딜레마」 일부

객관적 자아의 선택이 딜레마라면, 자신의 선택이 그 딜레마의 선택에 종속된 또 다른 딜레마임을 밝히고 있다. 딜레마란 어느 쪽도 선택할 수 없는 상황을 의미한다. 그럼 우선 왜 객관적인 자아의 선택은 딜레마가 되는지를 살펴보자.

첫 번째 선택은 "그럴 경우"이다. 이 경우는, 시인이 원하는 유토피아 세상, 모든 인간이 같이 기뻐하고 슬퍼하는 상황을 의미한다. 그렇다면, 두 번째 선택은 유토피아의 정 반대의 세상, 즉 우리의 현실, 즉 기뻐도 기쁨이 아니고 슬퍼도 슬픔이 아닌, 냉혹한 상황을 의미한다.

이와 같이 이상과 현실 사이에서 방황하는 사람들이 우리 인간들이라는 관점에서 시인은 이런 인간들의 본질을 이 선택을 통해 이원적으로 부각시키고 있다. 그리고 그 선택에 대한 시인 자신의 선택 또한 모든 인간들과 동일하게 또 다른 딜레마임을 밝히고 있다.

이상에서 현실로; 현실에서 다시 이상으로. 아니면, 현실에서 이상으로; 이상에서 다시 현실로. 이런 선택이 결국은 시인이 독단적으로 결정할 수 없는, 즉 시인의 선택은 객관화된 그 어느 누구의 선택에 종속

될 수밖에 없다는 자신의 인간적인 번민을 드러낸다. 시인이 외로운 까닭이 여기에 있다.

> 지금 내가 외로워지는 까닭은
> 네가 슬퍼도, 내가 슬퍼하지 않을 수도 있다는
> 네가 기뻐도, 내가 기뻐하지 않을 수도 있다는
> 너의 그렇지 않음에 대한, 나의 그렇지 않음의 가능성 때문이지 않을까
>
> —「메타-딜레마」 일부

이런 상황에서 시인은 인간적인 불안감을 겪는다. 즉 우리 인간들은 같이 기뻐하고 슬퍼해야 한다고 하면서도, 그리고 그렇게 될 수 있다고 하면서, 한편으로는 그럴 수 없다는 그 초조함 때문에 그는 외로움을 느낀다. 이 외로움은 단순한 외로움에 그치지 않는다. 이 외로움을 영원히 극복할 수 없다라는 절망감을 시인은 딜레마의 재귀적 구조로 다음과 같이 표현하고 있다.

> 그러나
> 내가 더욱 외로운 까닭은
> 우리의 슬픔은 슬픔에 의한 슬픔이라는
> 우리의 기쁨은 기쁨에 의한 기쁨이라는

우리의 딜레마는 딜레마에 의한 딜레마라는
순환循環 때문, 순환의 순환 때문에

—「메타-딜레마」 일부

선택이 딜레마라면, 선택의 선택은 딜레마의 딜레마가 될 수밖에 없다는 시인의 시구는 끊임없이 갈등하는 인간 본능을 반영한다. 그래서 우리의 기쁨과 슬픔의 원인이 단지 그 과정을 반복하는 순환에 있다는 논리 또한 윤회처럼 재귀적으로 끊임없이 반복하는 인간의 운명을 표현한 것이리라. 그래서 기쁨과 슬픔의 원인이 이러한 본능적인, 나아가 운명적인 기쁨과 슬픔에 있다는 우리 인간의 기쁨과 슬픔의 구조성을 표현하고 있는지도 모른다. 이런 구조적 한계에 다다른 시인의 선택은 무엇인지 살펴보자.

결국
내가 너에게 등을 돌리면
너도 나에게 등을 돌릴 수밖에
또한
네가 나에게 등을 돌리면
나도 너에게 등을 돌릴 수밖에

순간, 반영적反映的으로
그러나
거울 속으로, 영원히

—「메타-딜레마」 일부

주관적인 자아는 객관적인 자아에게 말한다. 네가 등을 돌리면, 나도 등을 돌린다고. 또한 주관적인 자아는 객관적인 자아를 이해한다. 내가 등을 돌리면, 너도 등을 돌릴 수밖에 없다는 것을. 그리고 이러한 별리別離가 반영적反映的으로 영원할 수밖에 없다는 것을. 이는 극단적인 반어법이다. 주관적인 자아와 객관적인 자아, 나아가 나와 너는, 절대 반영적으로, 영원하게 분리되어서는 안된다는 강한 주장을 반어법적으로 표현하고 있다. 하지만 그 헤어져야 한다는 것이 또한 운명이라는 것을 받아들일 수밖에 없다는 것을, 역설적이지만, 인정할 수밖에 없다. 즉 이러한 운명을 이해해야 하는 것이 시를 쓰는 시인이 가져야 하는 인간으로서의 자기 자신에 대한 성찰을 말하고 있다. 이 조건이 시의 메타적 제2의 성질이다.

시인은 시를 통해, "존재란 무엇이며, 그 존재를 인식할 수 있는가" 라는 존재론과 인식론에 다다르게 된다. 즉 시인이 제시한 두 가지의 조건, 시의 메타적 성질로 규정한 '시인의 탈모순성'과 시인 '자아의 상대적 모순성 인식'이라는 조건들이 존재론과 인식론에 이르는 또 다른 전제조건이 된다는 것을 의미한다. 이를 살펴보면 다음과 같다.

5. 메타 철학 : 존재=인식

서론에서 "나는 생각한다. 고로 존재한다" 라는 데카르트의 '사유, 즉 존재'라는 언명의 메타-사유적 관점을 거론했다. 즉 사유와 존재가 불가분의 관계가 있음을 메타적으로 밝혔다. 이를 역으로 해석해도 그 관계가 성립한다면, 우리는 '사유=존재' 라는 등가성를 발견하게 될 것이다. 즉 "나는 존재한다. 고로 생각한다" 라는 '존재, 즉 사유'라는 언명의 메타-존재적 가설의 진위여부를 증명할 수 있다면, 두 언명, '사유, 즉 존재'와 '존재, 즉 사유' 라는 언명에 의해 '사유=존재' 라는 결론을 유도해 낼 수 있다는 말이다.

“나는 생각한다. 고로 존재한다”의 역논리로, “나는 존재한다. 고로 생각한다” 라는 무명 철학자의 언명이 있다고 가정하자. 이 언명은 인간의 사유 가치가 인간의 고유한 존재에 있다는 그 시인-철학자 개인의 철학과 가치를 반영한다고 볼 수 있다. 앞에서 밝혔듯이, 여기에서의 생각은 단순한 사유가 아니라, “인간의 사유에는 인간의 사유 그 자체가 인간 사유의 대상이 될 수 있다” 라는 메타적인 사유를 의미한다. 그러므로 여기에서 거론하는 존재는 단순한 존재가 아니라, 그런 사유가 가능한 존재, 즉 존재하는 자신이 존재한다는 사실을 인식하고 있는 존재로 ‘메타-존재’나 ‘초-존재’라는 의미이다. 다시 말하면, 스스로 존재한다는 것을 인식할 수 있는 존재만이 스스로 자신이 생각한다는 것을 생각할 수 있다는 의미다.

진정한 존재는 스스로 존재하는 것을 인식하는 존재이므로, 논리적으로 존재의 진정한 가치는 인식의 과정에서 성립이 된다. 그렇다면 인식의 과정이 없는 존재는 존재가 아니라는 말인가. 그렇지 않다. 그런 존재는 자신의 존재를 스스로 인식하지 못하는 물리적-존재이고, 반면에 존재를 인식하는 존재는 메타-존재이다. 즉 이 언명들에서 발견하는 존재와 사유은 단순한 존재와 사유가 아니라, 메타-존재와 메타-사유를 의미한다. 즉 이 메타-관점에서 비로소 '사유=존재' 라는 등식이 성립되고, 이는 다시 '메타-사유 = 메타-존재' 라는 등식이 성립됨을 의미한다.

이 등식이 시사하는 바는 다음과 같다. 이는 인식이라는 메타-사유 능력이 있는 존재는 자신의 존재를 스스로 인식할 수 있는 능력이 있어야 된다는 뜻이다. 즉 존재하는 순간마다, 내가 왜 존재하고, 왜 존재해야 하는가에 대한 끊임없는 자신의 존재 원인과 가치를 찾아야 한다는 의미이다. 시인은 자신의 존재를 어떻게 인식하고 있는지 이런 메타적 관점에서 시인의 시를 분석해 보자.

변증법의 정반합론에 의하면, 주어진 질서를 정론이라 보았을 때, 이 질서에 대한 모순에 대한 부정을 반론이라 하고, 이를 해결하는 과정에서 모순이 극복되고 새로운 질서를 확립하는 것을 합론이라고 이해할 수 있다.

이런 관점을 인간의 존재에도 똑같이 적용해 볼 수 있다. 인간은 성장과정에서, 어느 순간 자신의 존재를 인식하게 된다. 그 원인은 아마도 이미 밝힌 바, "나는 생각한다. 고로 존재한다" 라는 메타-사유한 인간의 고유한 능력 때문일 것이다. 그리고 인간은 자신의 존재를 확인하는 순간부터 끊임없이 자신의 존재에 대해 의문을 제기한다. 그것은 자신의 존재에 대한 여부와 의미와 가치에 대한 철학적 질문과 의문을 던진다는 의미이다. 이는 인간이 가진 메타-사유 능력의 한 현상이라고 볼 수 있다. 그 과정에서 자기부정이 자연스럽게 시작될 수밖에 없다. 시인은 자기 부정을 어떻게 시작하는지 살펴보자.

시인은 시 「정체성 상실의 원인」에서 "나는/내가 누구인지 모른다" 라고, 그래서 "생각했고 고민했고 방황했다"고 자기부정을 표현했다. 없는 것을 부정할 수 없는 것처럼, 자신을 부정하기 위한 전제조건이 '자신은 존재한다'는 사실이라면, 이 말은, 자기부정을 시작했다는 것은 역으로 자신의 존재를 인식하기 시작했다는 말과 같다. 나아가 그 자신이 진정한 자신, 참자아인지 아닌지를 모르기 때문에 자신을 우선 부정한다는 말과 같다. 즉 참자아를 발견하기 위해 자신의 부정이 시작되었다는 말이다. 그럼 시인은 왜 자신을 부정하는지 그 원인을 살펴보자.

시인은, 「정체성 상실의 원인」에서 "나는/내가 아닌 누군가의/생각과 고민과 방황에 있었"고, 또한 "매체와 과정과 결과에" 그리고 "누군가의 판단에 있었다"고 밝혔다. 시인이 자신의 존재를 인식하고 자신을 분석해보니, 자신은 참자아가 아니고 누군가의 사고와 의식과 가치에 의해서 존재되어진 존재라는 사실을 인식했다는 뜻이다. 즉 자신은 자신이 존재하는 것을 알게 되었는데, 알고 보니 그 자신은 참자아가 아니고 헛된 자아였다는 말이다. 그래서 시인은 "나는/나를 찾을 수 없었다"고 잠정적인 결론을 내린다. 그리고 그 현상을 분석한다.

이 분석 과정에서 우리는 시인만의 고유한 구조적 사유성, 즉 메타-존재를 발견하기 위한 구조적인 분석과 정의를 다시 발견한다. 즉 시인은 이런 존재에 대한 부정과 그 원인을 발견하는 과정을, 「정체성 상실의 원인」에서 "나는/내가 없는/내 안에서 나를 찾는/모순에 있었다", 즉 "순환적 모순에 있"다고 밝힌다. 즉 참자아를 찾는 자신이 발견한 자신은 결국 헛된 자아이므로 참자아를 찾는 그 행위 자체가 모순이라는, 즉 허구라는 사실을 적나라하게 밝힌다. 그리고 그 모순은 단순한 모순이 아니라, 참자아를 찾으면 찾을수록, 참자아가 없는 전제조건에서, 헛된 자아만을 찾을 수밖에 없는 그 자체가 순환적인 모순임을 밝힌다. 즉 그 모순에서 영원히 벗어날 수 없다는 것이다. 어떤 현상이 반복적으로 또는 정반합적으로 발생이 될 때, 그 현상의 내부에서 그 현상을 분석하지 말고, 그 현상을 외부, 즉 한차원 높은 단계에서 메타-구조적으로 파악해야한다는 의미와 같다.

이는 진실로 자신에 대한 시인의 냉혹한, 그리고 철저한 자기비판이다. 이는 시의 메타-사유에서 요구되었던 '시인의 탈모순성'과 시인 '자아의 상대적 모순성 인식'과 같은 수준의, 아니 그 이상의, '시인'의 메타-존재에 요구되는 '시인'의 자기 메타-부정이라고 볼 수 있다.

시인은 참자아를 찾기 위해서, 시 「나를 찾는 나」에서, 자기가 가진 모든 것, 즉 '돈'과 '사람'과 '명분'과 '기회'과 '가치'과 '철학'과 '실존'까지 버리기로 작정한다. 그렇지만, 결국 "나를 볼 수 없"다고 고백한다. 자신을 버렸는데, 그리고 자신이 가진 모든 것을 버렸는데, 왜 자신은 참 자아를 발견할 수 없는가에 대해 분석한다. 시인은 여기에서 그 원인을 찾는 방법에서도 시인의 고유한 메타적인 방법을 적용한다.

시인은 그 원인을, "사람들은/가진 것을 버리면/자신을 볼 수 있다고 했다"(「나를 찾는 나」 일부)는 점에서 찾는다. 타인의 삶을 살던 자신이 참된 자신의 삶을 찾아가는 과정에서 적용한 방법이 타인이 말한 방법을 다시 적용했다는 이 모순은, 이 방법으로는 자신의 삶을 절대로 찾을 수 없다는 운명적인 자신의 또 다른 모순을 보여준다. 그래서 타인들이 거론하지 않은 자신만의 어떤 무엇을 더 버리려고 한다는 것을, 스스로, 깨달게 된다. 그리고 그렇게 해서 발견되는 참 자아가 있다면, 그 자아가 정말 참자아일 수 있는가를 이 시에서 시인은 "나는/무엇을 더 버려야/진정/나를 볼 수 있는가"를 다시 반문한다.

그러나 너무도 모순적으로 그리고 운명적으로 진정 버려야할 자신만의 그 무엇이, 단, 하나도, 없음을 알게 된다.

그래서 이 부정을 다시 부정하고, 이 부정된 부정을 다시 부정하고, 이 부정된 부정된 부정을 부정하는 부정들을 부단히 반복하게 된다. 하지만 이러한 부정이 단순한 정반합의 반복적인 부정이 아니라, "거울 속의 거울처럼", 영원히 반복될 수밖에 없는 구조 속에서 반복되는 부정, 즉 운명적인 부정, 그래서 이를 메타-구조적으로 해결할 수밖에 없는 '메타-부정'임을 암시한다.

나는
거울 속의 거울처럼
나를 버리고 나를 찾는 나처럼
없는 나는 나를 버린 나를 찾고
거울 속의 거울 속의 거울처럼
나를 버리고 나를 찾는 나를 버리고 내가 버린 나를 찾는 나처럼
없는 나를 버린 내가 없는 나는 나를 버린 나를 버린 나를 다시 찾는다

—「나를 찾는 나」 일부

「나를 찾는 나」에서 시인은 처절하고도 완고한 인간으로서 철갑 같은 자신의 운명에 직면하게 된다. 이 상황은 시 「메타-딜레마」의 '거울'을 통해 시인이 주관적인 자아와 객관적인 자아에게 요구하던, '시인 자아의 상대적 모순성에 대한 인식' 상황보다 절실함을 의미한다.

그래서 시인은 방황하고, 슬퍼하고, 그리고 끝내는 투쟁까지 하는 것이다. 시인의 많은 시들이 시인 자신을 포함해서 인간의 칠정七情과 사단四端을 담고 있는 이유도 여기에 있고, 나아가 자신을 포함한 인간의 운명과 영혼과 생명을 종교, 특히 불교적인 관점에서 바라보는 이유도 여기에 있다. 그리고 그 과정에서 "거짓으로 진실을 말하고/폭력으로 비폭력을 주장하고/학대와 무관심으로 참사랑을 행하는" 사람들, 즉 가짜 지식인들을 특히 경계한다. 가짜 지식을 통해서는 이런 운명적인 순환적 모순을 해결할 수 없다는 경고다.

그리고 결국 시인은 모든 부정이 극히 모든 인간이 겪을 수밖에 없는 필연적 '구조'에 있다는 사실을 발견한다. 자신의 존재를 인식하고, 그리고 그 존재의 모순과 허구를 인식하고, 그리고 진정한 존재의 의미를 찾아가는 과정에서 운명이라는 인간의 굴레를 만나게 되는 이 과정 또한 하나의 필연적인 '구조적 절차'였음을 인식한다. 그리고 그 자체가 참자아를 발견하는 하나의 형식, 즉 '메타적 구조'임을 인식한다. 메타적 구조가 메타적 의미가 된다는, '존재, 즉 사유'라는 조건식과 이를 통한 '존재=사유'라는 메타적 등가성이 비로소 성립하게 된다.

시인이 진정 원하는 것은 참세상을 발견하는 것처럼 참자아를 발견하는 것이다. 이 참자아는 메타-사유 능력을 가진 어느 메타-존재, 즉 어느 '평범'한 인간이라면 가능하다는 것을 그의 시에서 보여주고 있다. 그럼으로 시인은 자신을 포함한 인간의 진정한 존재가치를 다음과 같이 깨닫는다.

존재의 가치는
역설적으로
존재하지 않을 때 비로소 결정된다

—「존재의 가치」 전문

"존재의 가치"를 "역설적으로" "존재하지 않을 때" 깨닫게 된다는 시구가 시인이 주장하는 메타적 모순과 메타적 가치의 구조성을 대비적으로 잘 보여주고 있다. 여기에서의 가치는 바로 인간이 영혼을 가진 존재이며, 영혼의 궁극적인 가치는 끊임없는 윤회 속에서 자신의 완성, 즉 해탈을 추구한다는 것이다. 그리고 이 과정은 참자아를 발견하는 과정에서 이루어진다는 것이다.

어떤 면에서 모순까지를 포함한, 모든 반복의 메타적 의미는 윤회다. 그리고 그 반복을 이어주는 고리를 영혼으로, 그 반복의 힘을 생명이라고 이해할 수 있다. 그리고 이런 메타 구조적 형식을 자연과의 관계 속에서 다음과 같이 발견한다.

> 인간의 역할이 내 윤회의 매개체라면
> 나도 그들에게 어떤 의미가 있는 존재라는 생각이 들어
> 나는 그들에게 어떤 존재일까
> 서로가 서로를 돕는 존재라면, 이것은 선순환적 윤회가 아닐까
> 그런데 인간의 윤회는 너무 짧아서 내 윤회를 이해

못할지도 몰라
아마도 내 윤회 과정이 너무 길어서
인간들은 내가 윤회를 거치는 하나의 생명체임을 이해하지 못할 수도 있어
그렇게 되면 우리의 선순환적 윤회는 어떤 의미가 있는 것일까
내가 땅 속으로 들어가 다시 나오게 될 때쯤
인간들이 자신들의 윤회의 굴레에서 벗어나 있기를 나는 바래
나는 어차피 몇 번의 윤회밖에 남아 있질 않거든
내 입장에서 보면 지구의 삶도 그리 많이 남아 있지 않고
우리는 지구의 죽음과 함께 다시 새로운 물질로 태어날 거니까

—「백령도 사곶바위」 일부

이 작품은 자기부정이 필연적인 자기긍정의 과정이라는 것과 인간의 생명이 영혼에 의해서 연결된 자기부정과 자기긍정의 끊임없는 윤회의 형식이라는 것을 자연을 통해서 배워야 한다고 말하고 있다. 그리고 이 과정에서 진정한 인간의 가치와 윤회의 의미는 무엇인지 성찰해야한다고 말하고 있다. 어쩌면 윤회에서 벗어나는 것이 생명으로부터 영혼을 해방시켜

주는 궁극의 가치일지도 모른다. 그리고 메타-사유와 메타-존재의 등가성의 의미 또한 여기에 있는지도 모른다.

6. 영혼의 꽃과 깨달음의 열매

시인의 메타-사유와 메타-존재의 등가성에는 영혼이라는 꽃을 피우고 깨달음이라는 해탈을 통해 그 결실을 맺고자 하는 의도가 강하게 나타나고 있다. 그래서 시인은 참세상과 참자아를 발견하기 위해, 자연도 생명의 일부라는 관점에서 모든 생명을 가진 존재들과 하나가 되고자 한다.

> 사랑 앞에서
> 네가 산 되면 나는 나무가 되고
> 내가 산이 되면 너는 나무 된다
>
> —「역설逆雪」 일부

그리고 시인은 참세상과 참자아를 이생에서 찾을 수가 없다 하더라도, 이를 포기하지 않고, 끊임없이 찾고 기다리는 것을 '그리움'이라고 정의한다.

그리움이란
오는 것을 기다리는 것이 아니다

그리움이란
오지 않는 것을 기다리는 것이 아니다

그리움이란
오는 것도 없고
오지 않는 것도 없는 적막 속에서

찾아갈 수 없는 곳을 찾는 것이다

그리고
그 곳에서

찾을 수 없는 것을 찾는 것이다

—「그리움이란」 전문

그러다가 혹 깨달음을 얻었다 하더라도, 겸허하게, 그 깨달음이 진정한 깨달음인지 아닌지, 이제는 다시 '부정'을 '시작'하지 말고, 다음과 같이 단순한 '치매'려니 생각하자고 그는 제안한다.

깨달음을 얻었다
그리고
치매에 걸렸다
깨달음인지 알 수가 없다

깨달음을 얻지 못했다
그리고
치매에 걸렸다
깨달음이 아닌지 알 수가 없다

깨달음이란 하나의 형식인 것을
치매 앞에
깨달음이란 한낱 물거품인 것을

결국 깨닫게 되었다

—「치매」 전문

죽음 앞에 이르러, 자기부정을 시작했던 그 삶을 돌이켜, 깨달음조차도 또 다른 순환의 구조성을 띨 수 밖에 없다는 이 부분에 이르러, 우리는 삶의 진정한 의미를 다시 생각해보지 않을 수가 없다. 나아가 시가 가지는 진정한 의미 또한 다시 생각해 보지 않을 수가 없다. 바로 이것이 시인이 우리에게 전하는 시의 메타포이며 메시지이다.

"나는 생각한다. 고로 존재한다"라는, 그리고 그 역으로 "나는 존재한다. 고로 생각한다"라는, 인간 고유의 '메타-사유'와 '메타-존재'의 등가성이 가지는 '영혼의 꽃'의 가치와 그 결실로서 맺히는 '해탈과 깨달음의 열매'의 가치가 또한 지니는 그 영원무궁한 윤회의 결정체. 이것이 시의 상징이다.

이문근 시집

메타-엑스

초판 인쇄 2014년 1월 10일
초판 발행 2014년 1월 15일

지은이 이문근
발행인 서정환
발행처 문예연구사

출판등록 제465-1984-000004호
주소 서울특별시 종로구 삼일대로 32길 36, 301호
대표전화 02-3675-3885, 063-275-4000
전자우편 munye321@hanmail.net

값 10,000원

ISBN 979-11-5605-036-0 03810

이 도서의 국립중앙도서관 출판시도서목록(CIP)은 서지정보유통지원시스템 홈페이지(http://seoji.nl.go.kr)와 국가자료공동목록시스템(http://www.nl.go.kr/kolisnet)에서 이용하실 수 있습니다.(CIP제어번호: CIP2013028682)

· 이 책은 문예진흥기금의 지원을 받아 발간하였습니다.